Campeones de la World Series: Los Angeles Angels

El primera base Rod Carew

T0018703

El lanzador Francisco Rodríguez

CAMPEONES DE LA WORLD SERIES

LOS ANGELES ANGELS

MICHAEL E. GOODMAN

CREATIVE EDUCATION/CREATIVE PAPERBACKS

Publicado por Creative Education y Creative Paperbacks
P.O. Box 227, Mankato, Minnesota 56002
Creative Education y Creative Paperbacks son marcas
editoriales de The Creative Company
www.thecreativecompany.us

Dirección de arte por Tom Morgan
Diseño y producción por Ciara Beitlich
Editado por Joe Tischler

Fotografías por Alamy (Tribune Content Agency LLC), AP Images
(Jeff Chiu, Kyodo), Getty (Al Bello, Diamond Images, Focus on Sport,
Jeff Gross, Brace Hemmelgarn, Jim McIsaac), Shutterstock (TBurke)

Library of Congress Cataloging-in-Publication Data
Names: Goodman, Michael E., author.
Title: Los Angeles Angels / [by Michael E. Goodman].
Description: [Mankato, Minnesota] : [Creative Education and
   Creative Paperbacks], [2024] | Series: Creative sports.
   Campeones de la World Series | Includes index. | Audience: Ages 7-10 years
   | Audience: Grades 2-3 | Summary: "Elementary-level text and
   engaging sports photos highlight the Los Angeles Angels' MLB
   World Series win, plus sensational players associated with the
   professional baseball team such as Shohei Ohtani"-- Provided by
   publisher.
Identifiers: LCCN 2023015516 (print) | LCCN 2023015517 (ebook) |
   ISBN 9781640269460 (library binding) | ISBN 9781682774960
   (paperback) | ISBN 9781640269705 (ebook)
Subjects: LCSH: Los Angeles Angels (Baseball team)--History--Juvenile
   literature. | Los Angeles Angels of Anaheim (Baseball team)--
   History--Juvenile literature. | Anaheim Angels (Baseball team)--
   History--Juvenile literature. | California Angels (Baseball team)--
   History--Juvenile literature. | Angel Stadium of Anaheim (Anaheim,
   Calif.)--History--Juvenile literature. | Wrigley Field (Chicago,
   Ill.)--History--Juvenile literature. | World Series (Baseball)--History-
   -Juvenile literature. | American League of Professional Baseball
   Clubs--Juvenile literature. | Major League Baseball (Organization)-
   -History--Juvenile literature. | Baseball--California--Los Angeles--
   History--20th century--Juvenile literature.
Classification: LCC GV875.A6 G6618 2024 (print) | LCC GV875.A6
   (ebook) | DDC 796.357/640979493--dc23/eng/20230412

Impreso en China

El jardinero Mike Trout

CONTENIDO

El hogar de los Angels   8

. . . .

Nombrando a los Angels   11

. . . .

Historia de los Angels   13

. . . .

**Otras estrellas
   de los Angels**   18

. . . .

Sobre los Angels   22

. . . .

Glosario   23

. . . .

Índice   24

. . . .

El hogar de los Angels

Los Ángeles (LA), California, es una ciudad en expansión cerca del Océano Pacífico. Millones de personas viven allí. Cerca de LA hay una ciudad más pequeña llamada Anaheim. Allí es donde juega el equipo de béisbol los LA Angels. Cada año, los aficionados llenan el estadio Angel Stadium de Anaheim para animarlos.

Los Los Angeles Angels son un equipo de béisbol de la Major League Baseball (MLB). Juegan en la División Oeste de la American League (AL). Sus **rivales** son los Oakland Athletics. Todos los equipos de la MLB quieren ganar la World Series y convertirse en campeones.

El lanzador Nolan Ryan

Nombrando a los Angels

Los Ángeles a menudo se llama la "City of Angels." Pero no es de allí que proviene el apodo del equipo de béisbol. Proviene de un equipo de béisbol anterior en la ciudad también llamado "Angels." El nombre completo del club ha cambiado varias veces. Ahora conservan el nombre con el que empezaron, los Los Angeles Angels.

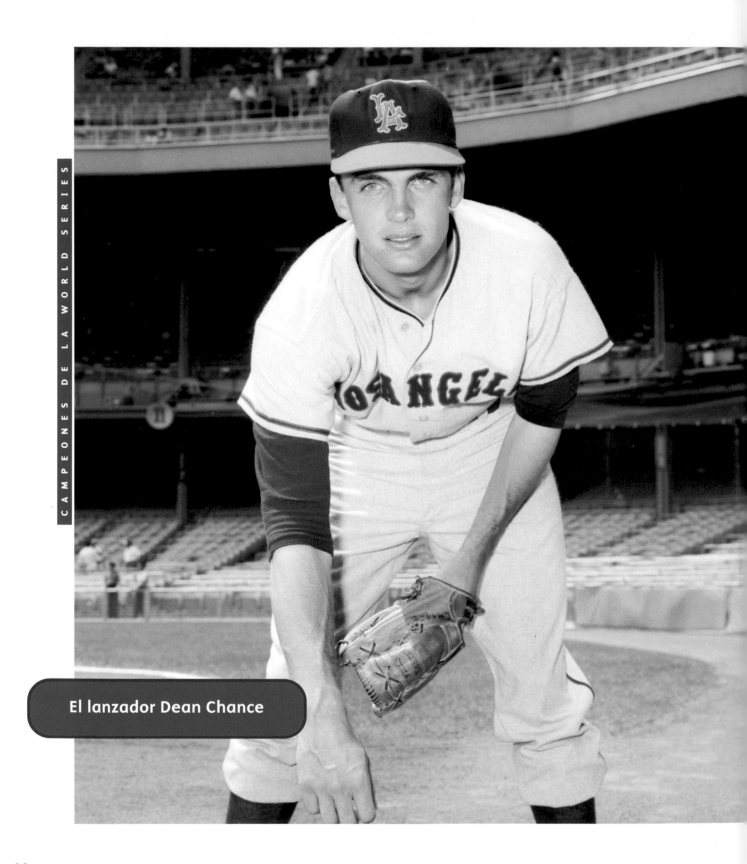

El lanzador Dean Chance

Historia de los Angels

Los Angels se convirtieron en un equipo nuevo de la AL en 1961. El lanzador Dean Chance fue una de las primeras estrellas del club. En 1964, ganó el Cy Young Award. Este premio se otorga al mejor lanzador de la temporada. En 1972, el lanzador poderoso Nolan Ryan se unió a los Angels. Su bola rápida era difícil de batear. Lideró la AL en cantidad de ponches siete veces como Angel.

Los Angels no llegaron a las **eliminatorias** hasta 1979. Esa temporada, los bateadores Don Baylor y Bobby Grich lideraron. Baylor golpeó 36 jonrones y Grich agregó 30. Los Angels llegaron nuevamente a las eliminatorias en 1982 y 1986. Pero no pudieron llegar a la World Series.

El jardinero Don Baylor

El tercera base Troy Glaus

En 2002, los Angels alcanzaron un nuevo nivel. Ganaron 99 juegos y obtuvieron su primer **banderín** de la AL. ¡Luego vencieron a los San Francisco Giants para convertirse en campeones de la World Series! El tercera base Troy Glaus fue nombrado el jugador más valioso de la serie.

El manager Mike Scioscia (SOH-sha) llevó a los Angels hasta la cima de la División Oeste de la AL. El equipo terminó en el primer lugar de su división seis veces. El jardinero Mike Trout es una de las estrellas más grandes del béisbol. Ha ganado tres premios MVP de la AL.

Otras estrellas de los Angels

Rod Carew y Vladimir Guerrero participaron en Juegos de Estrellas varias veces como Angels. Ahora están en el **Salón de la Fama** del béisbol. El lanzador Chuck Finley ganó 165 partidos para los Angels. Ese es un récord del equipo. El **cerrador** Francisco Rodríguez salvó 62 juegos en 2008. Ningún lanzador de las grandes ligas lo ha superado.

El jardinero Vladimir Guerrero

El lanzador/bateador designado Shohei Ohtani

En 2018, el jugador japonés Shohei Ohtani se unió a los Angels. Es un bateador excelente además de un gran lanzador. En 2021, fue nombrado el jugador más valioso de la AL. Los aficionados esperan que pronto él lleve a los Angels a otro campeonato.

Sobre los Angels

Comenzaron a jugar en: 1961

....

Liga/división: Liga Americana,
    División Oeste

....

Colores del equipo: rojo, azul y plateado

....

Estadio local: Angel Stadium de Anaheim

....

CAMPEONATOS DE LA WORLD SERIES:

2002, 4 juegos a 3,
venciendo a los San Francisco Giants

....

Sitio web de Los Angeles Angels:
    www.mlb.com/angels

....

Glosario

banderín: **el campeonato de una liga; el equipo que gana un banderín juega en la World Series**

....

cerrador: **un lanzador que generalmente lanza la última entrada de un partido**

....

eliminatorias: **partidos que juegan los mejores equipos después de una temporada para ver quién será el campeón**

....

rival: **un equipo que juega muy duro contra otro equipo**

....

Salón de la Fama: **museo donde se honra a los mejores jugadores de todos los tiempos**

....

El lanzador Chuck Finley

Índice

Angel Stadium de Anaheim, 8

Baylor, Don, 14

Carew, Rod, 18

Chance, Dean, 13

Cy Young Award, 13

El jugador más valioso, 17, 21

Finley, Chuck, 18

Glaus, Troy, 17

Grich, Bobby, 14

Guerrero, Vladimir, 18

Juego de Estrellas, 18

nombre del equipo, 11

Ohtani, Shohei, 21

Rodríguez, Francisco, 18

Ryan, Nolan, 13

Salón de la Fama, 18

Scioscia, Mike, 17

Trout, Mike, 17